Vendete a ti Mismo

Lucie Dupont

Lucie Dupont

Lucie Dupont

Página de Derechos de Autor

Lucie Dupont

Lucie Dupont

Indice

El Poder de la Marca Personal   7

Autoconocimiento   12

Definiendo tu Propuesta de Valor Única (UVP) 18

Construyendo tu Historia Personal   25

Identidad Visual y Presencia Online   32

Creando Relaciones Estratégicas   40

Posicionándote como Experto en tu Campo 48

La Importancia de la Autenticidad y Transparencia   57

Promociona tu Marca con Estrategia   65

Manejo de la Reputación y Crisis de Imagen 73

Evolución de la Marca Personal   81

La Marca Personal en el Mundo Digital   89

Los Beneficios de Tener una Marca Personal Saludable   98

Cuidando tu Marca a Largo Plazo   107

Lucie Dupont

Lucie Dupont

El Poder de la Marca Personal

El poder de la marca personal es algo que todos tenemos, incluso sin darnos cuenta. Desde el momento en que interactuamos con otras personas, ya estamos proyectando una imagen de quiénes somos, qué valores tenemos y qué podemos ofrecer. La marca personal no es solo para celebridades o grandes empresarios; es algo que cualquiera puede construir, y es fundamental si quieres destacar en cualquier área de tu vida, ya sea profesional o personal.

Imagina que cada vez que alguien te menciona, lo hace en base a una idea clara de quién eres y de lo que representas. Esa es tu marca. Cada palabra que dices, cada publicación que haces en redes sociales, cada conversación que tienes, todo contribuye a construir esa percepción que los demás tienen de ti. En un mundo tan competitivo como el actual, donde hay miles de personas buscando las mismas oportunidades, una marca personal sólida puede ser el factor decisivo que te haga sobresalir. Pero no se trata solo de ser diferente, sino de ser auténtico y coherente con lo que realmente eres.

Una de las mayores ventajas de tener una marca personal reconocida es que abre puertas. Las personas confían en las marcas que conocen y respetan, y si logras posicionarte como alguien confiable, las oportunidades empezarán a llegar sin que tengas que buscarlas activamente. Te convertirás en una referencia, alguien a quien acuden para pedir consejo, trabajo o colaboración. Pero para llegar a ese punto, es esencial que te conozcas a ti mismo y sepas qué tienes para ofrecer. Una marca personal fuerte no se basa en aparentar ser alguien que no eres, sino en destacar tus cualidades genuinas y en hacer que esas cualidades sean visibles para los demás.

Además, una marca personal te permite controlar la narrativa sobre quién eres. En lugar de dejar que los demás decidan qué pensar sobre ti, eres tú quien define esa percepción. Eres tú quien elige qué aspectos de tu vida o carrera mostrar, qué historia contar, y de qué manera presentarte al mundo. Y aunque puede parecer algo superficial, la realidad es que una buena marca personal tiene un impacto profundo en cómo te sientes contigo mismo. Te da confianza, te hace sentir más seguro al presentarte ante los demás, y te permite conectarte de una manera más auténtica y efectiva con tu audiencia, ya sean clientes, colegas o amigos.

El poder de la marca personal también radica en la longevidad. Las modas pasan, las empresas cambian, pero una marca personal sólida puede perdurar durante toda tu vida. Si trabajas en ella constantemente, adaptándola a los cambios en tu vida y en el mundo, podrás seguir siendo relevante sin importar lo que suceda a tu alrededor. Y esa es una de las mayores ventajas de invertir tiempo y esfuerzo en construir una marca personal. Es una inversión a largo plazo, una que te seguirá dando frutos, incluso cuando decidas cambiar de carrera o de rumbo.

Pero no todo es positivo si no sabes manejar bien tu marca. Al igual que con cualquier tipo de reputación, puede ser frágil. Un mal paso, una falta de coherencia en lo que dices o haces, puede poner en peligro todo lo que has construido. Por eso, la marca personal requiere cuidado y atención constante. No es algo que puedas construir de la noche a la mañana y luego olvidar. Tienes que alimentarla, ser consciente de cómo te presentas y qué mensaje estás enviando, tanto en el mundo físico como en el digital.

En resumen, la marca personal es una herramienta poderosa que, si se utiliza correctamente, puede abrirte muchas puertas y mejorar tu vida tanto a nivel profesional como personal. No se trata de inventar un personaje ni de fingir ser alguien que no eres, sino de identificar tus fortalezas, tus valores, y mostrarlos de manera auténtica y coherente al mundo. Todos tenemos una marca personal, lo sepamos o no. La cuestión es si vamos a tomar las riendas de ella o si dejaremos que otros la definan por nosotros. Y una vez que decides asumir el control de tu propia marca, el poder que tienes para influir en cómo los demás te perciben es inmenso.

Autoconocimiento

El autoconocimiento es el punto de partida de cualquier marca personal sólida. Antes de que puedas presentarte al mundo de manera auténtica y efectiva, es esencial que te conozcas a ti mismo. Parece algo obvio, pero muchas personas pasan la vida sin tomarse el tiempo necesario para reflexionar sobre quiénes son realmente, qué quieren y qué pueden ofrecer. Si no sabes bien quién eres, cómo vas a construir una marca que te represente de manera genuina.

Conocerse a uno mismo implica entender tus fortalezas y debilidades, reconocer tus valores y principios, y tener claridad sobre tus objetivos en la vida. Es una introspección profunda que va más allá de lo que haces en el día a día o de lo que los demás ven de ti. Es preguntarte qué te mueve, qué te apasiona, qué te hace diferente de los demás, y cómo puedes utilizar esos aspectos para destacar. Todo esto requiere honestidad, porque es fácil caer en la trampa de querer ser alguien que no somos o de proyectar una imagen que creemos que otros esperan ver.

El primer paso para el autoconocimiento es aceptar que no somos perfectos, y eso está bien. Todos tenemos fortalezas, pero también áreas en las que necesitamos mejorar. Identificar cuáles son esas fortalezas te ayudará a construir una marca personal auténtica, basada en lo que realmente te hace especial. Quizá eres muy creativo, o tal vez tienes una habilidad innata para resolver problemas. Tal vez tu mayor fortaleza es que sabes escuchar a los demás. Sea lo que sea, es importante que lo descubras y lo reconozcas, porque será la base de tu marca.

Pero no se trata solo de identificar lo que haces bien. Conocerte a ti mismo también implica ser consciente de tus debilidades. Todos tenemos aspectos que no dominamos o que nos cuestan más, y ser honesto contigo mismo sobre estos puntos no solo te ayudará a trabajar en ellos, sino que también te hará más humano y accesible. A la gente le gusta conectarse con personas reales, no con imágenes perfectas. Así que no tengas miedo de reconocer tus limitaciones, porque eso también es parte de lo que te hace único.

Además de tus fortalezas y debilidades, el autoconocimiento también implica reflexionar sobre tus valores. ¿Qué es lo que realmente te importa? ¿Qué principios rigen tu vida? Tal vez valoras la honestidad por encima de todo, o quizá tu enfoque está en la creatividad y la innovación. Estos valores no solo te definen como persona, sino que también influyen en cómo te presentas al mundo. Si tu marca personal no está alineada con tus valores, tarde o temprano se notará la falta de coherencia, y eso puede afectar negativamente la forma en que los demás te perciben.

Una parte importante del autoconocimiento es también entender tus metas. ¿Qué quieres lograr a largo plazo? ¿Cómo te ves en cinco o diez años? Tener una visión clara de tus objetivos te permitirá enfocar tu marca personal en la dirección correcta. Si no tienes claro hacia dónde quieres ir, será difícil construir una marca que te lleve a ese destino. Y no se trata solo de metas profesionales; también es importante que pienses en tus objetivos personales. A veces, nuestro éxito personal y profesional están más conectados de lo que creemos, y una marca personal bien construida debe reflejar ese equilibrio.

El autoconocimiento no es algo que se logre de la noche a la mañana. Es un proceso continuo que requiere tiempo y reflexión. Las personas cambian, evolucionan, y lo mismo ocurre con nuestras marcas personales. Lo que hoy es importante para ti, tal vez no lo sea dentro de unos años. Por eso, es fundamental que te tomes el tiempo de revisar y ajustar constantemente cómo te sientes contigo mismo y con tu marca. La idea es que ambas estén en sintonía, y para eso necesitas dedicar tiempo a conocerte a fondo.

El autoconocimiento no solo te ayuda a construir una marca personal más auténtica, sino que también te da la confianza necesaria para presentarte ante los demás sin miedo al juicio o la crítica. Cuando sabes quién eres y qué puedes aportar, te vuelves más seguro en tus interacciones, y eso se refleja en la forma en que los demás te perciben. No se trata de ser arrogante, sino de tener la certeza de que estás siendo fiel a ti mismo, y esa es una de las mejores bases sobre las que se puede construir una marca sólida y duradera.

En resumen, el autoconocimiento es la piedra angular de cualquier marca personal. No puedes empezar a construir una imagen pública coherente si no tienes claro quién eres realmente. Conocerte a ti mismo te permitirá destacar tus fortalezas, trabajar en tus debilidades, alinear tu marca con tus valores, y definir tus objetivos a largo plazo. Y lo más importante, te dará la confianza para ser auténtico en todo lo que hagas. Si logras esto, tu marca personal será mucho más que una simple imagen; será una representación fiel y poderosa de lo que realmente eres.

Definiendo tu Propuesta de Valor Única (UVP)

Definir tu Propuesta de Valor Única, conocida como UVP por sus siglas en inglés (Unique Value Proposition), es uno de los pasos más importantes en la construcción de una marca personal sólida. En pocas palabras, tu UVP es aquello que te hace diferente de los demás, lo que te distingue y te convierte en la mejor opción dentro de tu campo. Es lo que te hace valioso y único, y lo que hará que las personas te elijan a ti en lugar de a alguien más.

Piensa en la UVP como el corazón de tu marca personal. Mientras que muchos pueden tener habilidades similares a las tuyas o trabajar en el mismo campo, solo tú tienes una combinación única de cualidades, experiencias y perspectivas que te diferencian. Definir esa propuesta de valor es esencial para poder comunicar de manera clara por qué eres especial y por qué las personas deberían confiar en ti. No se trata de ser mejor que los demás, sino de mostrar lo que te hace único y cómo puedes ofrecer algo que otros no pueden.

El primer paso para definir tu UVP es reflexionar sobre tus fortalezas y lo que te hace destacar. ¿En qué eres realmente bueno? ¿Qué tipo de problemas puedes resolver mejor que otros? Aquí es importante que seas honesto contigo mismo y que identifiques aquello que verdaderamente te diferencia. Puede ser una habilidad técnica, como ser muy eficiente en la resolución de problemas complejos, o puede ser algo más relacionado con tus cualidades personales, como tener una gran capacidad para conectar emocionalmente con las personas. No hay una respuesta correcta, pero lo esencial es que identifiques esas cualidades que realmente te hacen destacar.

Otro aspecto clave en la definición de tu UVP es tener en cuenta a tu audiencia o público objetivo. No puedes simplemente enfocarte en lo que crees que te hace único; también debes pensar en lo que tu público necesita y valora. ¿Qué es lo que ellos buscan? ¿Qué tipo de problemas tienen y cómo puedes ayudarles a resolverlos? Si logras alinear lo que te hace único con lo que tu audiencia está buscando, habrás dado un paso enorme en la construcción de una UVP poderosa. Es decir, tu UVP no solo se trata de ti, sino de cómo tus habilidades y cualidades pueden aportar valor a los demás.

Un buen ejemplo de UVP sería pensar en alguien que trabaja como entrenador personal. Hay muchos entrenadores en el mundo, pero tal vez este en particular se especializa en ayudar a personas con horarios muy apretados a mantenerse en forma mediante rutinas de ejercicio cortas pero efectivas. Su UVP no sería simplemente "Soy un buen entrenador", sino algo más específico como "Ayudo a personas ocupadas a ponerse en forma con entrenamientos eficientes que encajan en su ajetreado día". Este tipo de propuesta de valor es clara, directa, y le habla directamente a un público específico, resaltando lo que lo hace diferente de otros entrenadores.

Una vez que hayas identificado lo que te hace único y cómo eso puede beneficiar a los demás, el siguiente paso es ser capaz de comunicarlo de manera clara y concisa. Muchas veces, las personas saben qué los hace especiales, pero no saben cómo explicarlo. Aquí es donde entra en juego la habilidad de sintetizar tu UVP en una frase o dos que sean fáciles de entender y que resuman exactamente lo que ofreces. Esta es la frase que usarás en tu discurso cuando te presentes a otros, ya sea en una entrevista, en una reunión de negocios o en tus redes sociales. Debe ser clara, directa y mostrar el valor que aportas.

Un error común que se comete al definir la UVP es tratar de abarcar demasiado o ser demasiado general. La clave está en ser específico. Si tratas de ser todo para todos, al final no serás nada para nadie. En lugar de intentar cubrir muchos aspectos, enfócate en una o dos áreas donde realmente brilles y que te diferencien de los demás. No tengas miedo de ser específico, porque mientras más claro seas sobre lo que ofreces, más fácil será que las personas adecuadas se conecten contigo.

La UVP también debe ser coherente con quién eres y con tus valores. No tiene sentido definir una propuesta de valor que no se alinee con lo que realmente puedes ofrecer o con lo que te importa. Si tu UVP está desconectada de tu verdadera esencia, las personas lo notarán rápidamente, y eso afectará negativamente tu credibilidad. La autenticidad es clave aquí. Asegúrate de que lo que prometes en tu UVP es algo que puedes cumplir y que refleja de manera fiel quién eres y lo que representas.

Por último, es importante recordar que tu UVP no es algo fijo e inmutable. Con el tiempo, a medida que crezcas profesionalmente y personalmente, tu propuesta de valor puede cambiar y evolucionar. Lo que te hace único hoy podría no ser lo mismo dentro de cinco o diez años, y eso está bien. La clave está en revisar tu UVP periódicamente y asegurarte de que sigue siendo relevante y auténtica. De esta manera, tu marca personal siempre se mantendrá fresca y alineada con quien eres en cada etapa de tu vida.

En resumen, tu Propuesta de Valor Única es lo que te diferencia de los demás y lo que hace que las personas te elijan a ti sobre otros. Definirla requiere una introspección honesta, un conocimiento profundo de lo que valoran tus clientes o audiencia, y la habilidad de comunicarla de manera clara y concisa. Es una herramienta poderosa que, si se utiliza correctamente, puede abrirte muchas puertas y ayudarte a construir una marca personal sólida y auténtica. Así que tómate el tiempo necesario para definirla bien, porque será la base sobre la que se construirá toda tu marca personal.

Lucie Dupont

Construyendo tu Historia Personal

Construir tu historia personal es uno de los aspectos más importantes cuando se trata de crear una marca personal sólida. A todos nos gustan las historias, porque nos conectan, nos permiten entender a las personas y nos hacen sentir algo. Tu historia personal es la manera en que comunicas quién eres, de dónde vienes, qué has vivido, y cómo esas experiencias te han llevado a ser quien eres hoy. Es una herramienta poderosa, porque a través de ella puedes mostrar tu autenticidad, destacar lo que te hace único y crear una conexión emocional con quienes te escuchan o te siguen.

A menudo, cuando pensamos en contar nuestra historia, caemos en la tentación de hablar solo de nuestros logros o de lo bien que nos ha ido en ciertos aspectos. Pero lo que realmente conecta con las personas no es una lista de éxitos, sino la autenticidad y las dificultades que has superado. Todo el mundo tiene desafíos en la vida, momentos difíciles, y son esas experiencias las que hacen que tu historia sea humana y relatable. Las personas se conectan más fácilmente cuando ven que has pasado por situaciones parecidas a las que ellos han vivido o cuando pueden entender tus emociones y desafíos.

Para empezar a construir tu historia personal, es útil que pienses en los momentos clave de tu vida. ¿Qué eventos han sido determinantes para ti? Tal vez fue un cambio importante en tu carrera, una decisión difícil que tomaste, o una experiencia que te hizo cambiar tu manera de ver el mundo. Estos momentos son los que forman la base de tu historia y te ayudarán a mostrar tu lado humano, esa parte de ti que te hace más cercano y genuino.

No tienes que incluir cada detalle de tu vida en tu historia personal. De hecho, menos es más. La idea no es contar toda tu vida, sino elegir los momentos y experiencias que mejor reflejen quién eres y lo que te define. Quizás hubo un obstáculo grande que tuviste que superar o un fracaso que te enseñó una lección valiosa. Estos son los momentos que harán que tu historia sea memorable y que las personas puedan ver cómo has crecido y evolucionado a lo largo del tiempo. Al final, no es solo lo que has vivido, sino cómo esos eventos han moldeado tu forma de ver las cosas y de actuar.

Es importante que tu historia personal esté alineada con la propuesta de valor única que has definido. No se trata solo de contar anécdotas, sino de mostrar cómo esas experiencias refuerzan lo que ofreces. Si tu UVP es que eres alguien que ayuda a otros a superar el miedo al fracaso, entonces tu historia debe incluir momentos en los que tú mismo hayas enfrentado el fracaso y cómo lo superaste. Así, tu historia no solo será personal, sino también relevante para quienes te escuchan o te siguen, ya que demostrará que tu experiencia respalda lo que prometes.

Un buen ejemplo de una historia personal efectiva es la que sigue una narrativa de transformación. Las personas aman las historias de cambio, porque muestran crecimiento y resiliencia. Tal vez comenzaste en una situación difícil, con pocas oportunidades, pero a través de esfuerzo, dedicación y algunas lecciones aprendidas por el camino, lograste convertirte en quien eres hoy. Este tipo de historias no solo inspiran, sino que también muestran que es posible superar las dificultades. Y cuando tu audiencia ve eso en ti, también pueden empezar a creer que ellos pueden hacer lo mismo en sus propias vidas.

Otro aspecto importante al contar tu historia es ser auténtico. La autenticidad es clave cuando construyes una marca personal, porque las personas tienen un radar para detectar lo falso o lo exagerado. No intentes pintar una imagen perfecta de ti mismo. Acepta que, como cualquier ser humano, has cometido errores, has tenido dudas y has pasado por momentos difíciles. Esos son los elementos que harán que tu historia sea creíble y auténtica. La gente conecta más con las imperfecciones que con una imagen idealizada.

Tu historia personal también debe evolucionar con el tiempo. A medida que sigas creciendo y experimentando nuevas cosas, tu historia cambiará. No tengas miedo de ajustar o agregar nuevas experiencias que reflejen tus cambios. Tal vez, al principio, tu historia se centraba en cómo encontraste tu pasión por lo que haces. Pero, con el tiempo, esa historia podría evolucionar para incluir nuevas metas o logros que te han llevado por un camino diferente. La clave es mantener tu historia viva y adaptarla a cada nueva etapa de tu vida.

Una vez que hayas construido tu historia personal, es fundamental que sepas contarla de manera efectiva. No se trata solo de los hechos, sino de cómo los presentas. Practica contar tu historia de manera que fluya naturalmente y que resuene con las personas a las que te diriges. Usa un lenguaje simple y claro, y evita sobrecargarla de detalles innecesarios. Lo que quieres es que tu historia sea fácil de entender, que enganche a las personas y que deje una impresión duradera.

Al contar tu historia personal, asegúrate de incluir emociones. No te limites a describir lo que sucedió; habla también de cómo te sentiste en esos momentos. Las emociones son lo que realmente conecta con las personas. Si te sentiste frustrado, perdido o emocionado en algún punto de tu historia, no dudes en compartirlo. Esas emociones son lo que hará que tu historia cobre vida y que las personas se sientan identificadas con lo que cuentas.

En resumen, construir tu historia personal es un proceso clave en la creación de una marca personal sólida. No se trata solo de narrar lo que has vivido, sino de elegir los momentos más importantes que reflejan quién eres y cómo has llegado hasta donde estás hoy. Tu historia debe ser auténtica, relevante y emocional, porque es a través de ella que podrás conectarte de manera más profunda con los demás. Y recuerda, una buena historia personal no es estática; sigue creciendo contigo, cambiando y adaptándose a medida que tú también lo haces.

Lucie Dupont

Identidad Visual y Presencia Online

Tu identidad visual y presencia online son componentes fundamentales en la creación de una marca personal sólida. Mientras que tu historia y propuesta de valor única comunican quién eres y qué ofreces, la identidad visual es lo que primero capta la atención. Es la manera en que te presentas visualmente al mundo y lo que la gente recuerda de ti cuando te encuentran online. En un entorno digital tan competitivo, una identidad visual coherente y atractiva es clave para destacar y construir una conexión instantánea con tu audiencia.

La identidad visual incluye todos los elementos gráficos que componen tu marca personal: colores, tipografías, logotipo (si decides tener uno), imágenes y el diseño general de tus plataformas online. Estos elementos trabajan juntos para crear una imagen reconocible y coherente que refleje tu personalidad y lo que representas. No se trata solo de elegir un color o una fuente bonita, sino de asegurarte de que todo lo que muestres visualmente esté alineado con la esencia de tu marca y el mensaje que quieres transmitir.

Uno de los primeros pasos para construir tu identidad visual es elegir una paleta de colores que te represente. Los colores tienen un gran impacto en la forma en que las personas perciben tu marca. Por ejemplo, los colores cálidos como el rojo o el naranja suelen transmitir energía, pasión o urgencia, mientras que los tonos más fríos como el azul o el verde comunican calma, profesionalismo o confianza. Piensa en lo que quieres que las personas sientan cuando interactúan con tu marca y elige colores que refuercen esa sensación. También es importante que mantengas coherencia en el uso de esos colores en todas tus plataformas para que, con el tiempo, la gente asocie esos colores contigo.

Otro aspecto crucial es la tipografía. Las fuentes que utilices deben ser fáciles de leer, pero también deben reflejar tu estilo. Si tu marca es más profesional y seria, es probable que quieras optar por fuentes elegantes y tradicionales. Si, en cambio, quieres transmitir una imagen más relajada o creativa, puedes elegir tipografías más informales o modernas. Al igual que con los colores, es importante que seas coherente en el uso de las fuentes en todas tus plataformas. La repetición de ciertos elementos visuales ayuda a que tu marca sea más reconocible y refuerza tu identidad.

El diseño de tu logotipo es otro elemento clave, aunque no siempre es obligatorio tener uno. Un logotipo puede ser tan simple como tu nombre escrito con una tipografía específica o tan complejo como un símbolo o imagen que represente lo que haces. Lo importante es que sea algo que te identifique fácilmente y que refleje tu personalidad. No necesitas un logotipo complicado, de hecho, muchas de las marcas más exitosas tienen logotipos simples que son fáciles de recordar. Si decides tener un logotipo, asegúrate de que funcione bien en diferentes formatos, desde un perfil en redes sociales hasta una tarjeta de presentación.

Una vez que hayas definido tu identidad visual, es hora de llevarla a tu presencia online. Aquí es donde tu marca realmente cobra vida, ya que es en el mundo digital donde muchas personas te conocerán por primera vez. La forma en que te presentas en tus redes sociales, tu sitio web o cualquier otra plataforma online debe ser coherente con tu identidad visual. Esto no significa que tengas que ser rígido o repetitivo, pero sí que debes mantener una línea consistente para que las personas puedan reconocer tu marca de inmediato, sin importar dónde te encuentren.

Tu presencia online comienza con las plataformas en las que decides estar. No es necesario estar en todas las redes sociales; lo importante es estar en las plataformas donde tu audiencia se encuentra. Si tu público es más joven, plataformas como Instagram o TikTok pueden ser más relevantes. Si tu audiencia es más profesional, LinkedIn puede ser un buen espacio para enfocarte. La clave es elegir las plataformas que te permitan conectar de manera efectiva con las personas a las que quieres llegar, y luego adaptar tu identidad visual y contenido a cada una de ellas.

Tu perfil en redes sociales es como tu tarjeta de presentación digital. Asegúrate de que tus fotos de perfil, las imágenes de portada y cualquier otro elemento gráfico reflejen tu identidad visual. Utiliza los colores, tipografías y el estilo visual que has definido para que haya una coherencia en todo lo que hagas. Esto ayuda a crear una imagen sólida y profesional, y hace que las personas te recuerden con más facilidad. Además, tu biografía y descripciones deben estar alineadas con tu propuesta de valor única, para que las personas sepan de inmediato quién eres y qué ofreces.

El contenido que compartes en línea también es una parte importante de tu presencia online. Aquí es donde entra en juego tu autenticidad y cómo usas tu identidad visual para apoyar el mensaje que quieres transmitir. Si compartes contenido visual, como fotos o videos, asegúrate de que estén bien diseñados y sean coherentes con tu estilo. Si prefieres compartir contenido escrito, como artículos o reflexiones, utiliza tu identidad visual para destacar ese contenido y darle un toque personal. Al final, todo lo que publiques debe estar alineado con tu marca y aportar valor a tu audiencia.

No solo se trata de lo que compartes, sino también de cómo interactúas con los demás. La presencia online también incluye la manera en que respondes a comentarios, cómo te comunicas con tu audiencia, y cómo participas en la comunidad online. Tu tono de voz, tanto en tus publicaciones como en tus interacciones, debe ser coherente con tu marca. Si tu identidad es más profesional, es probable que uses un tono más formal. Si, por otro lado, tu marca es más cercana o relajada, puedes optar por un tono más conversacional. Lo importante es que, sea cual sea el tono que elijas, seas coherente en todas tus interacciones.

Un aspecto clave de la presencia online es la consistencia. No solo se trata de estar activo un día y luego desaparecer por semanas. Para construir una marca personal fuerte, necesitas ser consistente en tu actividad online. Esto no significa que debas publicar todos los días, pero sí que debes tener una presencia regular para mantener a tu audiencia interesada y conectada. Además, la consistencia en el uso de tu identidad visual también refuerza tu marca, haciendo que las personas te identifiquen más fácilmente con el tiempo.

En resumen, tu identidad visual y presencia online son esenciales para crear una marca personal reconocible y efectiva.

La identidad visual te ayuda a captar la atención de las personas y a transmitir un mensaje coherente sobre quién eres y qué representas. La presencia online es la plataforma donde esa identidad cobra vida y se conecta con tu audiencia. Al asegurarte de que ambos aspectos estén alineados y sean coherentes, estarás construyendo una marca fuerte, memorable y auténtica que te ayudará a destacar en el mundo digital.

Lucie Dupont

Creando Relaciones Estratégicas

Crear relaciones estratégicas es uno de los pasos más poderosos para fortalecer tu marca personal y hacerla crecer de manera efectiva. Aunque tener habilidades y conocimientos es importante, muchas veces lo que realmente impulsa tu éxito son las personas con las que te conectas. Las relaciones estratégicas son aquellas conexiones que no solo te aportan valor, sino que también te permiten crear oportunidades para el crecimiento mutuo. Estas relaciones no se construyen de un día para otro, pero con dedicación y autenticidad, puedes crear una red que te ayude a alcanzar tus metas y, al mismo tiempo, apoyes a los demás en sus objetivos.

El primer paso para crear relaciones estratégicas es identificar a las personas que pueden tener un impacto positivo en tu desarrollo profesional o personal. Esto no significa que debes buscar relaciones solo con personas influyentes o exitosas. En lugar de eso, deberías buscar personas que compartan tus intereses, valores y que estén en campos relacionados con el tuyo. Estas conexiones pueden ser con colegas de tu industria, mentores, clientes, o incluso con personas que estén empezando en tu área, pero que muestren potencial. Lo importante es construir una red de personas que se complementen y que puedan apoyarse mutuamente.

Una vez que hayas identificado a las personas con las que te gustaría conectarte, el siguiente paso es acercarte a ellas de manera genuina. La clave aquí es construir relaciones basadas en el interés mutuo, no en la conveniencia. A veces, cuando pensamos en relaciones estratégicas, caemos en la tentación de acercarnos a alguien solo porque pensamos que nos puede ayudar a conseguir algo, pero ese enfoque rara vez funciona a largo plazo. Las mejores relaciones estratégicas se construyen cuando ambas partes sienten que pueden aportar algo valioso a la otra. Por eso, antes de pedir algo, piensa en cómo puedes ser útil para esa persona. Puede ser ofreciendo una perspectiva interesante, ayudándola con un problema o simplemente compartiendo recursos valiosos.

La autenticidad es fundamental cuando se trata de construir relaciones. Las personas se dan cuenta cuando alguien se acerca con intenciones superficiales o únicamente por interés propio. Para que una relación estratégica funcione realmente, debe haber un interés genuino en la otra persona, en lo que hace, y en cómo ambos pueden beneficiarse de esa conexión. Esto significa que debes estar dispuesto a invertir tiempo y esfuerzo en la relación, sin esperar resultados inmediatos. A veces, las mejores conexiones se construyen con el tiempo, a través de interacciones significativas, apoyo mutuo y la construcción de confianza.

La confianza es un elemento clave en cualquier relación estratégica. Sin confianza, es difícil que la relación prospere. Para construir esa confianza, es esencial ser confiable y demostrar tu compromiso. Cumplir con tus promesas, ser transparente y actuar de manera ética son aspectos fundamentales para que las personas sientan que pueden contar contigo. Además, es importante estar presente para las personas, no solo cuando las necesitas, sino también cuando ellas puedan necesitar tu apoyo. Mostrar interés en su éxito y estar dispuesto a ayudar sin esperar nada a cambio es una forma poderosa de construir relaciones sólidas y duraderas.

Uno de los grandes beneficios de las relaciones estratégicas es que pueden abrirte puertas a nuevas oportunidades. Estas oportunidades pueden venir en forma de colaboraciones, recomendaciones o incluso asociaciones que no habrías descubierto de otra manera. Cuando te rodeas de personas que te apoyan y creen en tu valor, es más probable que surjan oportunidades que beneficien a ambas partes. Sin embargo, para que estas oportunidades lleguen, es importante que seas proactivo en mantener y nutrir esas relaciones. No basta con conectar una vez y desaparecer; debes estar dispuesto a invertir tiempo y energía para que la relación crezca.

Un aspecto clave para mantener relaciones estratégicas es la reciprocidad. No esperes recibir sin antes dar. Cuando haces un esfuerzo consciente por ayudar a los demás, es más probable que ellos también quieran ayudarte. La reciprocidad no tiene que ser inmediata ni directa, pero es importante que siempre estés buscando maneras de agregar valor a las personas con las que te conectas. Esto puede ser tan simple como compartir un artículo que creas que les podría interesar, presentarles a alguien de tu red que les pueda ser útil, o simplemente estar disponible para escuchar y dar un consejo.

Las relaciones estratégicas también pueden ser una fuente invaluable de aprendizaje y crecimiento personal. Cuando te rodeas de personas que tienen diferentes habilidades, experiencias o perspectivas, tienes la oportunidad de aprender de ellos y ampliar tu visión del mundo. Estas relaciones te desafían a salir de tu zona de confort, a ver las cosas desde diferentes ángulos y a mejorar constantemente. Al construir relaciones con personas que te inspiran y te retan, no solo creces profesionalmente, sino también personalmente.

El networking, o la creación de redes, es una herramienta útil para establecer relaciones estratégicas, pero es importante que no lo veas solo como un intercambio de tarjetas o contactos. El verdadero valor del networking está en las conexiones significativas que puedes formar. Aprovecha eventos, conferencias o encuentros en línea para conocer a nuevas personas, pero no te quedes solo en el nivel superficial. Haz preguntas, escucha con atención y busca puntos en común donde puedas crear una conexión genuina. A veces, una conversación sincera puede llevarte mucho más lejos que un simple intercambio de datos de contacto.

A medida que construyes relaciones estratégicas, es esencial que seas paciente. Las conexiones más valiosas no siempre dan frutos de inmediato. Algunas de las relaciones más importantes en tu vida profesional pueden tardar meses o incluso años en desarrollarse por completo. Por eso, es importante que no te desanimes si no ves resultados inmediatos. La clave está en seguir construyendo y manteniendo esas relaciones con el tiempo. La paciencia y la consistencia suelen dar sus frutos, a veces de formas que no esperabas.

En resumen, crear relaciones estratégicas es una parte vital del crecimiento de tu marca personal. No se trata solo de conocer a personas influyentes, sino de construir conexiones genuinas basadas en el interés mutuo, la confianza y la reciprocidad. Al rodearte de personas que compartan tus valores, que te desafíen a crecer y que te apoyen en tu camino, estarás creando una red poderosa que te ayudará a alcanzar tus metas. Recuerda que las mejores relaciones son aquellas en las que ambas partes se benefician y crecen juntas, así que enfócate en agregar valor y en construir conexiones significativas que perduren a lo largo del tiempo.

Posicionándote como Experto en tu Campo

Posicionarte como un experto en tu campo es una de las formas más efectivas de construir una marca personal fuerte y confiable. Cuando las personas te ven como un experto, están más dispuestas a escucharte, confiar en lo que tienes que decir y, en última instancia, recurrir a ti para obtener soluciones. Convertirse en una figura de autoridad en un área específica no ocurre de la noche a la mañana, pero es un proceso alcanzable si te comprometes a aprender continuamente, a compartir tus conocimientos y a demostrar tu experiencia de manera coherente.

El primer paso para posicionarte como un experto es identificar el área específica en la que quieres destacar. Puede que tengas muchas habilidades o intereses, pero es fundamental elegir una especialidad en la que realmente te sientas competente y apasionado. Mientras más enfocado estés, más fácil será para los demás reconocerte como un experto en ese campo. Piensa en lo que te diferencia de otras personas en tu industria y en lo que puedes aportar que sea único. Es importante que tu especialidad esté alineada con tu propuesta de valor única y que refuerce la imagen de tu marca personal.

Una vez que hayas definido tu área de especialidad, es hora de profundizar en tu conocimiento. El conocimiento es la base sobre la que se construye el prestigio de un experto. Esto significa que debes estar dispuesto a aprender constantemente, mantenerse actualizado sobre las últimas tendencias y avances en tu campo, y buscar mejorar tus habilidades. Leer libros, asistir a seminarios, tomar cursos y estar atento a las novedades te ayudarán a consolidar tu conocimiento y a mantenerte relevante. Nunca debes dejar de aprender, porque el conocimiento no es estático, y cuanto más te mantengas actualizado, más valor podrás ofrecer a los demás.

Sin embargo, ser un experto no significa solo saber mucho sobre un tema, también implica compartir ese conocimiento con los demás de manera efectiva. No sirve de mucho ser un gran conocedor si no te das a conocer. Una de las mejores maneras de posicionarte como un experto es compartir lo que sabes con tu audiencia. Puedes hacerlo a través de diferentes canales: escribir artículos o publicaciones en blogs, crear contenido en redes sociales, hacer videos, o incluso impartir charlas y talleres. Lo importante es que las personas te vean aportando valor y que, al hacerlo, demuestres tu conocimiento de manera clara y útil.

La consistencia en la creación de contenido es clave. Si solo compartes información de vez en cuando, será difícil que la gente te perciba como una autoridad. Tienes que ser consistente, tanto en la calidad como en la cantidad de lo que compartes. No se trata de saturar a tu audiencia con información todos los días, sino de asegurarte de que, cuando compartas algo, sea relevante, interesante y aporte valor. La constancia es la que te permitirá estar presente en la mente de las personas y construir esa imagen de experto que estás buscando.

Otra herramienta poderosa para posicionarte como experto es la creación de un blog o una página web donde puedas compartir tus conocimientos de manera más estructurada. Un blog te permite profundizar en temas específicos y ofrecer contenido de valor que puede atraer a personas interesadas en lo que tienes que decir. A medida que generas más contenido y te posicionas en tu nicho, la gente comenzará a verte como una referencia en ese campo. Además, tener una plataforma propia, como un blog o una página web, te da control sobre cómo presentas tu conocimiento y te ayuda a construir una base sólida de seguidores.

En el mundo digital, una de las formas más rápidas de posicionarte como experto es a través de las redes sociales. Utiliza plataformas como LinkedIn, Twitter, o incluso Instagram o TikTok, dependiendo de dónde se encuentre tu audiencia, para compartir tus ideas y conocimientos. Las redes sociales te ofrecen la posibilidad de conectar directamente con las personas, responder a sus preguntas y demostrar tu experiencia en tiempo real. Además, te permiten participar en conversaciones relevantes, lo que refuerza tu presencia y te posiciona como alguien que tiene algo valioso que decir.

Participar en debates y discusiones en línea también puede ayudarte a ganar visibilidad como experto. Si hay foros o comunidades relacionadas con tu área de especialidad, involúcrate activamente en ellas. Responde preguntas, ofrece soluciones y comparte tu experiencia. Esto no solo te posiciona como un referente, sino que también te ayuda a establecer relaciones con otras personas influyentes en tu campo. La visibilidad que puedes ganar al participar activamente en estas conversaciones es enorme, y cada vez que aportas valor, refuerzas tu imagen de experto.

Las colaboraciones con otros expertos o personas influyentes en tu industria son otro medio eficaz para consolidar tu posicionamiento. Si tienes la oportunidad de trabajar con alguien que ya es reconocido en tu campo, ya sea en proyectos, entrevistas o colaboraciones de contenido, te beneficiarás del prestigio de esa persona, lo que te ayudará a fortalecer tu reputación. Cuando las personas te ven junto a otros expertos, es más probable que te consideren parte de ese mismo círculo de autoridad. Además, estas colaboraciones te permiten llegar a nuevas audiencias que quizás no te conocían.

La publicación de un libro o la creación de guías y eBooks sobre tu área de especialidad también puede ser un paso significativo para posicionarte como un experto. Escribir un libro requiere tiempo y esfuerzo, pero si puedes ofrecer un recurso profundo y bien documentado sobre un tema en particular, te establecerás como una autoridad indiscutible en ese campo. Incluso si no llegas a escribir un libro completo, ofrecer contenido descargable, como guías o eBooks gratuitos, puede ser una excelente manera de demostrar tu conocimiento y atraer a personas interesadas en lo que tienes para ofrecer.

Aparte de compartir tu conocimiento, también es fundamental demostrarlo en la práctica. Si tienes la oportunidad de mostrar resultados concretos de tu trabajo o de los proyectos en los que has estado involucrado, no dudes en hacerlo. Las personas quieren ver ejemplos tangibles de lo que puedes lograr con tu experiencia. Esto puede ser a través de estudios de caso, testimonios o incluso mostrando tus propios logros. Al demostrar que no solo tienes el conocimiento teórico, sino que también puedes aplicarlo de manera efectiva, fortalecerás tu posición como un experto confiable.

Finalmente, es importante que, a medida que creces como experto, mantengas la humildad. Ser un experto no significa que lo sepas todo, ni que no puedas aprender de los demás. La humildad te permite seguir aprendiendo y mejorando, y también te hace más accesible y confiable para tu audiencia. Un verdadero experto no teme admitir cuando no sabe algo, y siempre está dispuesto a escuchar y aprender de otras personas. Esta actitud no solo te ayudará a seguir creciendo, sino que también te permitirá construir relaciones más auténticas y valiosas con tu audiencia y con otros expertos en tu campo.

En resumen, posicionarte como un experto en tu campo requiere tiempo, esfuerzo y consistencia. Debes estar dispuesto a aprender continuamente, compartir tu conocimiento de manera generosa y construir una presencia sólida en plataformas donde puedas demostrar tu experiencia. Con el tiempo, las personas comenzarán a reconocerte como una autoridad en tu área, y tu marca personal se verá reforzada por la confianza que inspires. No se trata solo de saber mucho, sino de saber cómo comunicar ese conocimiento de manera efectiva y de mantenerte siempre relevante y accesible.

Lucie Dupont

La Importancia de la Autenticidad y Transparencia

La autenticidad y la transparencia son dos de los pilares más importantes para construir una marca personal sólida y duradera. En un mundo donde la información se mueve a una velocidad impresionante y donde las personas están constantemente expuestas a un sinfín de mensajes, la única forma real de destacar y generar confianza es siendo auténtico y transparente en todo lo que haces. La autenticidad no solo se trata de ser tú mismo, sino de ser coherente con tus valores y creencias, mientras que la transparencia implica ser honesto y abierto, incluso cuando las cosas no salen como esperabas. Juntas, estas cualidades crean una base de confianza que es clave para cualquier marca personal.

La autenticidad comienza con conocerte a ti mismo y sentirte cómodo mostrando quién eres, sin necesidad de pretender ser alguien más. Cuando intentas ser alguien que no eres, las personas lo notan. Aunque tal vez pienses que imitar a alguien más exitoso te puede ayudar a avanzar más rápido, lo cierto es que, a largo plazo, las personas valoran la originalidad y lo genuino. Las personas se sienten atraídas por aquellos que son reales, aquellos que no tienen miedo de mostrar sus imperfecciones o su vulnerabilidad. No necesitas ser perfecto para tener éxito; lo que realmente importa es que seas auténtico, que te presentes tal como eres y que te mantengas fiel a eso.

Ser auténtico significa que tus palabras y acciones están alineadas. Esto es especialmente importante cuando estás construyendo tu marca personal, ya que la coherencia entre lo que dices y lo que haces crea una imagen fuerte y confiable. Si dices que valoras la honestidad, por ejemplo, pero tus acciones muestran lo contrario, las personas notarán esa desconexión y comenzarán a dudar de ti. Por otro lado, cuando eres coherente, las personas saben qué esperar de ti, lo que refuerza su confianza en tu marca. No hay nada más valioso para una marca personal que la confianza de tu audiencia, y ser auténtico es una de las mejores maneras de ganarla.

La transparencia, por su parte, va de la mano con la autenticidad. Ser transparente significa ser abierto y honesto, incluso cuando las cosas no salen como esperabas o cuando cometes un error. Todos cometemos errores, y no hay nada de malo en admitirlo. De hecho, ser transparente sobre tus fallos y los desafíos que enfrentas puede hacer que las personas te respeten aún más. A veces, cuando intentamos ocultar nuestros errores o disimular nuestros problemas, corremos el riesgo de perder credibilidad. Las personas valoran la honestidad y prefieren tratar con alguien que sea sincero, en lugar de alguien que siempre intenta proyectar una imagen de perfección.

La transparencia también implica compartir el proceso detrás de lo que haces. En lugar de solo mostrar los resultados finales, a las personas les interesa conocer el camino que seguiste para llegar hasta ahí. Esto es particularmente cierto en el mundo digital, donde las audiencias están más interesadas en el "detrás de cámaras" que en la perfección pulida que muchas veces se muestra. Al compartir tu proceso de trabajo, tus desafíos y tus aprendizajes, estás abriendo una ventana a tu mundo y permitiendo que las personas se sientan más conectadas contigo. Esta conexión es esencial para construir relaciones duraderas y significativas con tu audiencia.

Además, la transparencia te permite gestionar las expectativas de los demás de manera más efectiva. Si las personas saben lo que realmente pueden esperar de ti, es menos probable que se sientan decepcionadas. Por ejemplo, si tienes una fecha límite para entregar un proyecto y sabes que no vas a poder cumplirla, lo mejor es ser transparente desde el principio. Comunicar de manera clara cualquier posible retraso o problema demuestra respeto por los demás y refuerza la confianza que tienen en ti. La mayoría de las personas entienden que los imprevistos ocurren, pero lo que no suelen perdonar es la falta de comunicación o la deshonestidad.

La autenticidad y la transparencia también son esenciales cuando se trata de construir relaciones estratégicas. Las personas que te rodean, ya sean colaboradores, clientes o seguidores, quieren saber que pueden confiar en ti. Si eres transparente desde el principio sobre tus intenciones, tus capacidades y tus límites, evitarás malentendidos y crearás un entorno de respeto mutuo. Además, cuando eres auténtico y transparente, atraes a personas que valoran esas mismas cualidades, lo que significa que las relaciones que construyas estarán basadas en la confianza y el respeto, en lugar de en expectativas irreales o malentendidos.

Uno de los beneficios más grandes de ser auténtico y transparente es que reduce la presión de intentar ser alguien que no eres. En lugar de gastar energía en mantener una imagen que no refleja realmente quién eres, puedes enfocarte en ser la mejor versión de ti mismo. Esto no solo te permitirá sentirte más cómodo en tu propia piel, sino que también te ayudará a atraer a las personas adecuadas a tu vida y a tu negocio. Aquellos que se sienten atraídos por ti lo hacen porque valoran lo que realmente tienes para ofrecer, no porque hayas intentado ser alguien diferente.

Además, la autenticidad y la transparencia son fundamentales para la sostenibilidad de tu marca personal a largo plazo. Las tendencias cambian, las modas pasan y el mercado evoluciona, pero si construyes tu marca sobre una base sólida de autenticidad y transparencia, siempre tendrás una ventaja competitiva. Las personas que confían en ti te seguirán a lo largo de los cambios, porque saben que pueden contar contigo para ser sincero y coherente, independientemente de lo que esté sucediendo a tu alrededor. Esta es una de las razones por las que algunas marcas personales logran mantenerse fuertes a lo largo del tiempo, mientras que otras desaparecen cuando las tendencias cambian.

A lo largo del camino, es probable que enfrentes situaciones en las que ser transparente o auténtico sea un desafío. Tal vez te enfrentes a la tentación de ocultar algo o de presentarte de una manera que no se alinea completamente con quién eres. En esos momentos, es crucial recordar que la confianza que has construido con tu audiencia es mucho más valiosa que cualquier ganancia a corto plazo que podrías obtener al ser menos honesto. Ser fiel a ti mismo y a tus valores, incluso cuando es difícil, es lo que finalmente consolidará tu marca personal y te permitirá tener éxito a largo plazo.

En resumen, la autenticidad y la transparencia son ingredientes esenciales para construir una marca personal sólida, confiable y duradera. Al ser auténtico, te permites mostrarte tal como eres, lo que genera conexiones más profundas y genuinas con tu audiencia. Al ser transparente, refuerzas esa confianza, mostrando no solo tus éxitos, sino también tus desafíos y aprendizajes. Juntas, estas cualidades te ayudarán a construir una reputación que no solo atraerá a las personas adecuadas, sino que también te permitirá mantenerte relevante y confiable a lo largo del tiempo. En un mundo que valora cada vez más lo genuino y lo honesto, ser auténtico y transparente es tu mejor apuesta para el éxito.

Lucie Dupont

Promociona tu Marca con Estrategia

Promocionar tu marca personal con estrategia es una parte crucial para hacer que tu presencia sea visible y relevante en el mundo actual. Puedes tener una marca personal increíble, con una propuesta de valor única y una historia convincente, pero si no la promocionas de manera efectiva, es probable que no alcance el reconocimiento que merece. La promoción no se trata solo de hablar sobre ti mismo, sino de hacerlo de una manera inteligente, planificada y que resuene con las personas a las que quieres llegar. Promocionar tu marca con estrategia significa pensar en cada acción que tomas para asegurarte de que no solo te estás dando a conocer, sino que también estás creando un impacto positivo y memorable.

El primer paso para promocionar tu marca de manera estratégica es definir a quién quieres llegar. Esto es fundamental, porque si no sabes quién es tu audiencia, será muy difícil diseñar un plan que funcione. No puedes hablarle a todo el mundo al mismo tiempo; si intentas hacer eso, probablemente terminarás no conectando con nadie. Debes ser muy específico sobre quién es tu público objetivo, qué intereses tiene, cuáles son sus necesidades y cómo tu marca puede ayudarles. Al tener claro a quién te diriges, puedes adaptar tu mensaje y tu forma de promoción para que sea relevante y atractiva para esas personas.

Una vez que tengas bien definido a tu público, es hora de crear un plan de acción. Aquí es donde entra la estrategia. Promocionar una marca no significa hacer todo de manera improvisada o lanzar contenido sin pensar. Necesitas establecer un plan a largo plazo, con objetivos claros y pasos concretos que te lleven hacia esos objetivos. Por ejemplo, si tu objetivo es aumentar el reconocimiento de tu marca en un determinado sector, puedes definir acciones específicas como publicar contenido en redes sociales de manera constante, colaborar con otros expertos o participar en eventos de la industria. Cada acción que tomes debe estar alineada con tus metas generales, y es importante medir los resultados para saber qué está funcionando y qué necesita ajustes.

Un aspecto clave de la promoción estratégica es saber dónde y cómo aparecer. No todas las plataformas o medios son adecuados para cada tipo de marca, por lo que necesitas identificar cuáles son los canales más efectivos para ti. Si, por ejemplo, tu marca personal está orientada a profesionales de negocios, LinkedIn podría ser una plataforma clave para ti. En cambio, si tu marca está más enfocada en el entretenimiento o en conectar con un público joven, tal vez Instagram, TikTok o YouTube sean mejores opciones. Lo importante es que elijas las plataformas donde tu audiencia ya está presente y donde puedas crear un impacto significativo. Es mejor dominar unas pocas plataformas que intentar estar en todas y no tener el tiempo o la energía para gestionarlas correctamente.

Además de elegir las plataformas adecuadas, es fundamental que tu contenido esté alineado con los intereses y necesidades de tu público objetivo. No basta con promocionar por promocionar; debes crear contenido que realmente aporte valor a tu audiencia. Esto puede ser a través de consejos, información relevante, inspiración o entretenimiento, dependiendo de lo que más resuene con las personas a las que te diriges. Mientras más valor ofrezcas, más probable será que las personas te sigan, confíen en ti y hablen de ti a los demás. Recuerda que el contenido que compartes es una parte fundamental de tu marca personal, y debe reflejar tus valores y tu propuesta de valor única.

Un error común al promocionar una marca personal es centrarse únicamente en el "yo, yo, yo". Si bien es importante hablar sobre ti mismo y lo que ofreces, también debes equilibrar ese enfoque con un genuino interés por tu audiencia. Las personas no quieren escuchar solo sobre tus logros o lo genial que eres; quieren saber cómo puedes ayudarlas, qué les puedes aportar. Por eso, una estrategia efectiva incluye escuchar a tu audiencia, entender sus problemas y ofrecer soluciones. En lugar de solo hablar de ti, enfócate en crear una conversación en la que tanto tú como tu público puedan beneficiarse. Esto no solo te posiciona como alguien que se preocupa por los demás, sino que también fortalece la conexión que tienes con tu audiencia.

Otra parte importante de la promoción estratégica es la consistencia. No puedes aparecer un día y desaparecer al siguiente, o compartir contenido solo cuando te acuerdas. La consistencia es clave para mantenerte en la mente de las personas y para construir una relación a largo plazo con tu audiencia. Esto significa que debes tener un calendario de contenido bien planificado, asegurándote de que publiques de manera regular y con la suficiente frecuencia para mantener a tu público interesado. No se trata de abrumar a tu audiencia con demasiada información, sino de ser consistente en la calidad y el valor de lo que compartes.

Además de la consistencia, la colaboración es una herramienta poderosa para promocionar tu marca personal. Colaborar con otras personas o marcas que tengan una audiencia similar a la tuya puede ayudarte a llegar a más personas de una manera más rápida y efectiva. Las colaboraciones pueden ser de muchos tipos, desde entrevistas en podcasts o videos, hasta la creación conjunta de contenido o eventos. Al colaborar con otros, no solo te estás exponiendo a una nueva audiencia, sino que también estás reforzando tu credibilidad al asociarte con personas o marcas de confianza. Es una forma excelente de aprovechar las redes y crecer de manera estratégica.

También es esencial medir el impacto de tus esfuerzos de promoción. Una estrategia sin medición es como conducir sin un mapa; no sabrás si estás yendo en la dirección correcta. Hoy en día, existen muchas herramientas que te permiten medir cómo está funcionando tu promoción en línea, como el análisis de las redes sociales o las métricas de tu página web. Evalúa qué tipo de contenido genera más interacción, qué publicaciones atraen más visitas o comentarios, y ajusta tu estrategia en función de esos resultados. Si algo no está funcionando, no dudes en cambiarlo. Ser flexible y adaptable es clave para mejorar continuamente tu enfoque y maximizar los resultados de tus esfuerzos de promoción.

Finalmente, nunca subestimes el poder del boca a boca. Aunque hoy en día se hable mucho del marketing digital y de las redes sociales, el boca a boca sigue siendo una de las formas más efectivas de promoción. Cuando las personas hablan bien de ti o recomiendan tu marca a otros, eso tiene un impacto enorme en la percepción que otros tienen de ti. Por eso, parte de tu estrategia de promoción debe incluir ofrecer una experiencia tan positiva y valiosa que tus seguidores o clientes se sientan motivados a hablar de ti a sus amigos, colegas o familiares. Cada interacción cuenta, y si logras que las personas se sientan bien con lo que les ofreces, te estarás ganando a los mejores promotores de tu marca.

En resumen, promocionar tu marca personal de manera estratégica es un proceso que requiere planificación, enfoque y consistencia. No se trata solo de estar presente en todas partes, sino de hacerlo de manera inteligente, en los lugares correctos y con el mensaje adecuado. Al definir claramente a tu audiencia, crear contenido de valor, ser consistente y aprovechar las colaboraciones, podrás expandir el alcance de tu marca personal y fortalecer su presencia. Recuerda siempre medir tus resultados y ajustarte según sea necesario, para que tus esfuerzos de promoción sean efectivos y te lleven hacia el éxito a largo plazo.

Lucie Dupont

Manejo de la Reputación y Crisis de Imagen

El manejo de la reputación y las crisis de imagen es una parte crucial de la construcción y el mantenimiento de una marca personal sólida. La reputación es uno de los activos más valiosos que tienes, ya que define cómo te perciben los demás, qué tan confiable eres y cómo interactúan contigo. Sin embargo, en el mundo digital, donde las opiniones se comparten de manera rápida y masiva, es fácil que una pequeña situación se convierta en una crisis que afecte negativamente tu imagen. La clave está en saber cómo gestionar tu reputación de manera proactiva y en estar preparado para afrontar cualquier crisis de imagen que pueda surgir.

Lo primero que debes entender sobre la reputación es que no se construye de la noche a la mañana. Es un proceso constante que requiere tiempo, esfuerzo y consistencia. Cada interacción, cada publicación, cada comentario que hagas afecta de alguna manera la percepción que las personas tienen de ti. Por eso, es importante actuar de manera coherente con los valores y la imagen que quieres proyectar. Si quieres que las personas te vean como alguien confiable, por ejemplo, debes ser honesto en todo lo que haces y cumples con tus compromisos. Si quieres que te vean como una autoridad en tu campo, debes demostrar tu conocimiento y experiencia a través de contenido de valor y acciones que respalden tu expertise.

A pesar de todos tus esfuerzos por mantener una buena reputación, es inevitable que, en algún momento, enfrentes una situación complicada que ponga en riesgo tu imagen. Puede ser un malentendido, un error que cometiste o incluso una crítica malintencionada. Lo importante no es tanto evitar por completo estos problemas, sino saber cómo manejarlos de manera efectiva cuando ocurren. Es aquí donde entra en juego el manejo de las crisis de imagen. Un mal manejo de una crisis puede hacer que una situación pequeña se convierta en un problema mucho más grande, mientras que un buen manejo puede ayudarte a salir fortalecido de la situación.

Cuando te enfrentas a una crisis de imagen, el primer paso es mantener la calma. Es fácil entrar en pánico cuando sientes que tu reputación está en juego, pero reaccionar de manera impulsiva o emocionalmente puede empeorar las cosas. Antes de hacer cualquier declaración o tomar cualquier acción, es importante analizar la situación con detenimiento. Pregúntate qué es lo que realmente está pasando, cuál es la causa de la crisis y cómo afecta a tu imagen. Solo cuando tengas una comprensión clara de la situación podrás actuar de manera efectiva.

La transparencia es fundamental durante una crisis de imagen. Si cometiste un error, lo mejor que puedes hacer es admitirlo de manera honesta. Las personas suelen ser comprensivas cuando ven que alguien reconoce sus errores y está dispuesto a corregirlos. Tratar de ocultar o minimizar el problema solo generará más desconfianza y empeorará la situación. Por eso, si te encuentras en una situación donde cometiste un error, sé transparente desde el principio. Explica lo que ocurrió, reconoce tu responsabilidad y, lo más importante, ofrece una solución. Mostrar que estás tomando medidas para arreglar la situación demuestra que eres responsable y que te preocupas por tu reputación y por las personas afectadas.

Es importante también tener en cuenta que no todas las críticas o problemas requieren una respuesta pública inmediata. A veces, la mejor estrategia es escuchar, evaluar la situación y actuar con prudencia. No todas las críticas son válidas ni merecen una respuesta. Sin embargo, cuando se trata de una crisis de imagen que puede tener un impacto significativo en tu reputación, es fundamental actuar con rapidez, pero siempre de manera reflexiva y estratégica. Las redes sociales y los medios digitales pueden amplificar los problemas rápidamente, por lo que es importante no dejar que una situación negativa crezca sin control. Responder a tiempo y de manera adecuada puede evitar que la crisis se agrave.

Otro aspecto clave del manejo de crisis es la comunicación. En una situación de crisis, la forma en que te comunicas con tu audiencia puede marcar la diferencia entre calmar la situación o avivarla aún más. Debes ser claro, directo y honesto en tus comunicaciones. No intentes dar vueltas o usar lenguaje ambiguo para esquivar el problema. Las personas valoran la sinceridad, y si sienten que estás tratando de esconder algo, su confianza en ti se verá aún más dañada. Además, es importante que seas empático en tus comunicaciones. Reconocer el impacto que la situación puede haber tenido en los demás y mostrar que te importa su opinión puede ayudarte a reparar el daño y a reconectar con tu audiencia.

Una parte fundamental de manejar una crisis de imagen es aprender de ella. Cada crisis es una oportunidad para reflexionar sobre lo que salió mal y cómo se puede mejorar en el futuro. Tal vez hubo señales de advertencia que no viste, o tal vez la crisis fue causada por un error que se pudo evitar. Lo importante es no ignorar la situación una vez que haya pasado, sino analizarla y tomar medidas para prevenir que algo similar ocurra de nuevo. Esto puede implicar hacer ajustes en la forma en que manejas tus redes sociales, en cómo te comunicas con tu audiencia o en los procesos internos de tu negocio o marca personal.

En este sentido, la prevención es la mejor estrategia para evitar que las crisis de imagen ocurran con frecuencia. Mantener una comunicación constante y abierta con tu audiencia, actuar con integridad y estar atento a cualquier señal de descontento o malentendido puede ayudarte a identificar posibles problemas antes de que se conviertan en crisis. Además, es útil tener un plan de acción para crisis preparado de antemano, para que cuando ocurra una situación inesperada, sepas exactamente qué hacer y no tengas que improvisar bajo presión. Un plan de crisis puede incluir pautas sobre cómo comunicarte, a quién involucrar en la resolución del problema y qué pasos tomar para minimizar el daño a tu reputación.

Finalmente, es importante recordar que una crisis de imagen, aunque desafiante, no tiene por qué significar el fin de tu reputación. De hecho, si manejas la crisis de manera adecuada, puedes salir de ella con una reputación más fuerte que antes. Las personas valoran la honestidad, la responsabilidad y la capacidad de afrontar los problemas con madurez y serenidad. Si logras demostrar estas cualidades durante una crisis, es probable que recuperes la confianza de tu audiencia e incluso ganes nuevos seguidores que aprecien la forma en que manejaste la situación.

En resumen, el manejo de la reputación y las crisis de imagen es un aspecto fundamental para el éxito de una marca personal. Mantener una buena reputación requiere esfuerzo constante y estar preparado para enfrentar cualquier crisis que pueda surgir. La clave está en actuar con transparencia, ser honesto en todo momento, comunicarte de manera clara y aprender de cada situación para mejorar en el futuro. Con una estrategia sólida de manejo de reputación y crisis, podrás superar cualquier obstáculo que se presente y seguir construyendo una marca personal sólida y respetada a largo plazo.

Lucie Dupont

Evolución de la Marca Personal

La evolución de la marca personal es un proceso natural y necesario para mantenerse relevante y auténtico a lo largo del tiempo. Al igual que las personas cambian, crecen y se adaptan, tu marca personal también debe hacerlo. No es algo estático, sino dinámico. La marca que comienzas construyendo en una etapa de tu vida o carrera no será necesariamente la misma que necesitarás más adelante. De hecho, una marca personal que no evoluciona corre el riesgo de volverse obsoleta o desconectada de las nuevas oportunidades y necesidades del mercado.

Desde el inicio, es importante reconocer que la marca personal no es un proyecto de una sola vez. No se trata solo de diseñar un logotipo o de definir tu propuesta de valor una vez y olvidarte de ello. Una marca personal es como una planta que requiere cuidado constante, adaptación a las circunstancias y ajustes para mantenerse fuerte y visible. Al igual que con una planta, si no te encargas de podarla, regarla o cambiarla de lugar cuando es necesario, puede marchitarse. En el mundo digital y profesional, las tendencias cambian rápidamente, y las expectativas de las personas sobre lo que buscas proyectar también evolucionan. Por eso, es vital estar preparado para ajustarte y evolucionar con el tiempo.

El primer paso para evolucionar tu marca personal es estar siempre abierto al cambio y al aprendizaje. Las personas que se aferran a una imagen fija, sin adaptarse a las nuevas realidades, suelen quedarse atrás. Parte del proceso de evolución consiste en reconocer que lo que funcionaba hace unos años puede que ya no sea tan efectivo hoy. Tal vez comenzaste siendo un experto en un área específica, pero con el tiempo descubriste otras pasiones o habilidades que también quieres integrar en tu marca. Esto no significa que tengas que abandonar lo que ya construiste, sino que debes buscar formas de incorporar esos nuevos aspectos sin perder la esencia de lo que te hace único.

El autoconocimiento juega un papel clave en la evolución de tu marca personal. A medida que avanzas en tu carrera o vida personal, te enfrentas a nuevas experiencias que te ayudan a conocerte mejor. Lo que valoras, lo que te interesa y lo que te motiva puede cambiar con el tiempo. Esta evolución interna debe reflejarse también en tu marca. Por ejemplo, si al principio de tu carrera te enfocabas en un nicho muy específico, como la tecnología, pero ahora has desarrollado un interés por temas relacionados con la sostenibilidad, podrías adaptar tu marca para incluir este nuevo enfoque. Lo importante es que la marca personal que proyectes esté alineada con quien eres en el presente, no con una versión antigua de ti mismo.

A medida que tu marca personal evoluciona, también es crucial estar atento a cómo te percibe tu audiencia. Las personas que te siguen o te conocen pueden tener expectativas sobre quién eres o qué representas, y es importante comunicarles de manera clara los cambios en tu marca para evitar confusión. La transparencia en este proceso es fundamental. Si estás haciendo una transición en tu carrera o cambiando tu enfoque, no temas compartir tu viaje con tu audiencia. Esto no solo les permite seguir conectados contigo, sino que también puede inspirarlos a ser flexibles y abiertos al cambio en sus propias vidas.

Además de los cambios internos, la evolución de la marca personal también está influenciada por factores externos, como las tendencias del mercado, las nuevas tecnologías y las demandas del público. Si trabajas en un sector que cambia rápidamente, como el marketing digital o la tecnología, es probable que necesites ajustar tu marca personal con frecuencia para mantenerte relevante. Esto no significa que debas seguir todas las modas, pero sí estar informado sobre lo que está sucediendo en tu industria y adaptarte cuando sea necesario. Por ejemplo, si hace algunos años ser activo en Facebook era esencial para tu marca, hoy en día puede que sea más importante tener una presencia sólida en Instagram o LinkedIn, dependiendo de tu público objetivo y tus objetivos profesionales.

Otra parte importante de la evolución de una marca personal es la capacidad de reinventarte. Esto es especialmente relevante si llegas a un punto en el que sientes que has alcanzado el límite de lo que tu marca actual puede ofrecerte. Tal vez has tenido éxito en un área, pero sientes que estás listo para explorar nuevos horizontes o asumir nuevos desafíos. En estos casos, reinventarse no significa empezar desde cero, sino tomar las bases que ya tienes y transformarlas en algo más grande o diferente. Las personas que logran reinventarse con éxito suelen ser las que tienen una mayor capacidad de adaptación y una visión clara de hacia dónde quieren ir en el futuro.

Es importante señalar que la evolución de una marca personal no debe ocurrir de manera abrupta. Los cambios radicales sin una planificación adecuada pueden confundir a tu audiencia y hacer que pierdas la conexión que has construido con ellos. En lugar de hacer cambios repentinos, la evolución debe ser un proceso gradual y bien pensado. Puedes comenzar introduciendo pequeñas variaciones en el tipo de contenido que compartes, ajustando tu mensaje o explorando nuevos temas de conversación que te interesen. Con el tiempo, estas pequeñas modificaciones ayudarán a que tu marca personal se transforme de manera orgánica, sin generar rechazo o confusión entre tu público.

La autenticidad es otra clave para una evolución exitosa. A lo largo del tiempo, es importante que cualquier cambio que realices en tu marca personal refleje de manera genuina quién eres y hacia dónde te diriges. Las personas valoran la autenticidad y pueden darse cuenta fácilmente si estás intentando forzar una imagen que no es coherente contigo. Esto no significa que no puedas cambiar, sino que los cambios que hagas deben estar alineados con tus valores, intereses y habilidades reales. Si te mantienes auténtico durante todo el proceso, la evolución de tu marca personal no solo será aceptada, sino también apreciada por tu audiencia.

Finalmente, es crucial recordar que la evolución de tu marca personal es un proceso continuo. No hay un punto final en el que puedas decir que tu marca está completamente terminada. Siempre habrá nuevas oportunidades, nuevos desafíos y nuevas áreas de crecimiento que explorar. La flexibilidad y la disposición para adaptarte a las circunstancias son las cualidades que te permitirán mantener una marca personal fuerte y relevante a lo largo del tiempo. Así que, en lugar de ver la evolución de tu marca como una tarea que debes completar, mírala como un viaje en constante desarrollo, uno en el que siempre hay algo nuevo por aprender y mejorar.

En resumen, la evolución de la marca personal es un proceso natural y necesario para mantenerse relevante y auténtico en un mundo en constante cambio. Implica estar abierto al aprendizaje, ajustar tu marca en función de tus propios cambios internos y las demandas externas, y hacerlo de manera gradual y auténtica. Con una actitud flexible y una disposición para reinventarte cuando sea necesario, podrás mantener una marca personal sólida que refleje lo mejor de ti en cada etapa de tu vida y carrera.

Lucie Dupont

La Marca Personal en el Mundo Digital

La marca personal en el mundo digital ha cobrado una importancia sin precedentes. Antes, construir una reputación requería tiempo, interacciones en persona y una carrera bien establecida en un sector. Pero hoy, gracias a las redes sociales y otras plataformas digitales, puedes comenzar a construir una marca personal desde cualquier lugar del mundo y llegar a miles, si no millones, de personas de manera rápida y efectiva. Esto ha abierto un sinfín de oportunidades para quienes desean posicionarse como expertos, líderes de opinión o simplemente destacar en su campo, sea cual sea.

Lo primero que debes entender es que en el mundo digital, todos los ojos están sobre ti, incluso cuando no lo notas. Todo lo que publicas en redes sociales, todo comentario, foto o video, contribuye a la percepción que las personas tienen de ti. Esta percepción es la base de tu marca personal. Si no eres consciente de cómo te proyectas en el ámbito digital, podrías estar dando una imagen que no se alinea con quién eres o con lo que quieres lograr. Por eso es esencial ser intencional sobre lo que compartes y cómo interactúas en el espacio digital.

Una ventaja clave del mundo digital es que te permite tener un control mucho mayor sobre tu marca personal. En lugar de depender de otros para que hablen por ti, puedes usar las herramientas digitales a tu favor para contar tu propia historia y dar forma a la narrativa que deseas que los demás perciban. Las redes sociales como Instagram, Twitter, LinkedIn, YouTube, y hasta blogs o páginas web personales, te ofrecen plataformas para compartir tu visión, tus conocimientos, y tus habilidades. A través de estas plataformas, puedes comunicar tu mensaje de manera directa, estableciendo relaciones con tu audiencia y mostrando el valor único que ofreces.

Por ejemplo, si quieres posicionarte como un experto en finanzas personales, puedes comenzar a compartir contenido que demuestre tus conocimientos sobre el tema. Esto podría incluir consejos financieros en formato de tweets, videos explicativos en YouTube, o artículos en tu blog personal. Al ofrecer valor constante y de manera genuina, poco a poco las personas empezarán a verte como una autoridad en ese campo. Este proceso es el corazón de cómo se construye una marca personal en el mundo digital: ofreciendo contenido relevante y de valor que resuene con tu audiencia.

Sin embargo, es importante recordar que el mundo digital también presenta desafíos. Uno de los principales es la cantidad de ruido que hay en estas plataformas. Todos los días se generan millones de publicaciones y contenidos, lo que puede hacer que sea difícil destacar. Para sobresalir en este mar de información, es vital encontrar tu propia voz y estilo. Esto implica ser auténtico y coherente con lo que compartes. La autenticidad es clave para generar una conexión real con tu audiencia. Las personas pueden notar rápidamente si estás siendo genuino o simplemente tratando de aparentar algo que no eres.

Otro desafío es que, en el mundo digital, todo queda registrado. Lo que publicas en internet puede permanecer allí indefinidamente, y cualquier error o malentendido puede ser amplificado rápidamente. Esto hace que el manejo de tu reputación sea aún más crítico. Debes ser cuidadoso con lo que compartes, asegurándote de que siempre esté alineado con la imagen que deseas proyectar. No significa que no puedas ser espontáneo o relajado, pero siempre es útil recordar que lo que dices o haces en las redes puede tener un impacto duradero en tu marca personal.

En este sentido, la consistencia juega un papel fundamental. No basta con publicar un par de veces al año o cuando te sientas inspirado. La marca personal en el mundo digital requiere una presencia constante. Esto no significa que debas estar conectado todo el tiempo, pero sí que deberías mantener una frecuencia de publicación que te permita estar en la mente de tu audiencia de manera regular. La consistencia ayuda a construir confianza. Si las personas ven que siempre estás ahí, compartiendo contenido de valor, empezarán a asociarte con fiabilidad y conocimiento.

Un aspecto que no se debe pasar por alto es la interacción con tu audiencia. En el mundo digital, no se trata solo de hablar, sino también de escuchar. Responder a los comentarios, participar en debates, y estar atento a lo que las personas piensan o necesitan son formas de fortalecer tu marca personal. Las interacciones auténticas y respetuosas te permiten construir una relación más cercana con tu comunidad. Estas relaciones son las que a menudo te llevarán a oportunidades profesionales, colaboraciones y alianzas que no habrías conseguido de otra manera.

Las colaboraciones en el mundo digital son otra herramienta poderosa para fortalecer tu marca personal. Colaborar con otros profesionales, influencers o marcas que compartan tus mismos valores o intereses puede ayudarte a llegar a nuevas audiencias y aumentar tu credibilidad. Estas colaboraciones pueden ser tan simples como participar en un proyecto conjunto, hacer entrevistas en línea o realizar publicaciones compartidas. Lo importante es asegurarte de que estas asociaciones sean auténticas y aporten valor a ambas partes.

También es relevante entender que la marca personal en el mundo digital no se limita a una sola plataforma. Aunque es posible que prefieras centrarte en una red social o sitio web en particular, diversificar tu presencia en distintas plataformas puede ser beneficioso. Cada red tiene su propio estilo y tipo de audiencia, y adaptar tu contenido a estos espacios te permitirá llegar a un público más amplio. Por ejemplo, LinkedIn es ideal para establecerte como un profesional serio y compartir contenido de tu industria, mientras que Instagram puede mostrar un lado más creativo y visual de tu marca. Explorar diferentes plataformas te ayudará a expandir tu alcance y conectar con diferentes segmentos de personas.

A medida que tu marca personal crece en el mundo digital, también es importante monitorear tu progreso y hacer ajustes cuando sea necesario. Existen herramientas y métricas que puedes usar para ver cómo está funcionando tu contenido, cuánto engagement estás generando y qué tipo de publicaciones resuenan más con tu audiencia. Estar al tanto de estos datos te permitirá ajustar tu estrategia cuando sea necesario y enfocarte en lo que realmente está funcionando. No tengas miedo de experimentar con nuevos tipos de contenido o formatos, siempre y cuando mantengas la coherencia con tu mensaje y propósito general.

Finalmente, la clave para construir una marca personal fuerte en el mundo digital es la paciencia. Aunque es cierto que las plataformas digitales te permiten llegar a una gran audiencia rápidamente, construir una marca personal sólida lleva tiempo. No se trata solo de ganar seguidores o likes, sino de construir una reputación que sea duradera y genuina. Al invertir en relaciones auténticas, ofrecer valor constante y ser consistente en tu mensaje, estarás construyendo una marca personal que no solo te abrirá puertas, sino que te permitirá destacarte en un mundo digital cada vez más competitivo.

En resumen, la marca personal en el mundo digital es una poderosa herramienta que te permite controlar tu narrativa, llegar a una audiencia global y destacar en tu campo. Para hacerlo de manera efectiva, debes ser intencional en lo que compartes, ser auténtico, mantener la consistencia y estar dispuesto a escuchar y aprender de tu audiencia. Aunque el proceso puede ser desafiante, los beneficios de tener una marca personal bien posicionada en el mundo digital son enormes y pueden abrirte puertas a nuevas oportunidades y conexiones.

Lucie Dupont

Los Beneficios de Tener una Marca Personal Saludable

Tener una marca personal saludable es como poseer una base sólida sobre la cual puedes construir tu carrera, tus relaciones profesionales y tu reputación a largo plazo. Al hablar de una marca personal "saludable", nos referimos a una que es coherente, auténtica y sostenible, una que proyecta una imagen positiva y confiable, y que además te representa de manera genuina. Los beneficios de una marca personal bien cuidada van mucho más allá de simplemente tener reconocimiento público o más seguidores en redes sociales; afectan de manera directa tu éxito personal y profesional en formas que tal vez ni siquiera imaginas.

Uno de los beneficios más importantes de tener una marca personal saludable es la confianza que generas en los demás. Cuando las personas ven que eres consistente en lo que dices y haces, y que tu mensaje es claro, tienden a confiar más en ti. La confianza es una de las bases más importantes en cualquier tipo de relación, ya sea profesional o personal. Si tienes una marca personal que las personas consideran creíble, será mucho más fácil que quieran trabajar contigo, contratarte o recomendarte. La confianza genera oportunidades porque cuando la gente cree en ti, se sienten cómodos apoyándote, colaborando o invirtiendo en lo que ofreces.

Otro gran beneficio es la diferenciación en un mercado saturado. En el mundo laboral, y más aún en el entorno digital, la competencia es feroz. Muchas personas ofrecen servicios o productos similares a los tuyos, pero lo que te hará destacar no siempre será tu producto o tus habilidades técnicas, sino tu marca personal. Tener una marca personal saludable te permite destacar porque te diferencia de los demás. No importa cuántas personas hagan lo mismo que tú, si logras construir una marca personal auténtica y única, siempre habrá algo que te haga especial y te permita sobresalir. Es tu historia, tu propuesta de valor y cómo te presentas lo que realmente puede marcar la diferencia.

Además, una marca personal saludable te otorga más control sobre tu carrera. Al construir una imagen clara y fuerte de quién eres y lo que representas, tienes la capacidad de dirigir tu carrera en la dirección que más te interesa. En lugar de esperar a que las oportunidades lleguen a ti, una marca bien construida te permite buscarlas y crearlas. Por ejemplo, si te posicionas como un experto en un campo específico, es probable que las personas te busquen cuando necesiten consejos, colaboraciones o cuando surjan oportunidades en ese sector. Esto te coloca en una posición de poder en la que tú decides qué proyectos aceptar y cuáles no, permitiéndote tener más control sobre tu trayectoria profesional.

Otro beneficio clave es que una marca personal saludable te abre puertas. Las oportunidades laborales, de colaboración o de crecimiento suelen presentarse más frecuentemente cuando tienes una imagen pública sólida y coherente. Si la gente sabe quién eres, lo que representas y la calidad que ofreces, es más probable que te busquen cuando surgen nuevas oportunidades. Esto puede incluir desde ofertas de trabajo hasta invitaciones para dar charlas, participar en proyectos o ser parte de nuevas iniciativas. Tener una marca fuerte te posiciona como alguien valioso y deseable para los demás.

La claridad en tu mensaje también es un beneficio importante. Cuando tienes una marca personal saludable, tu mensaje es claro y coherente, lo que facilita que los demás entiendan rápidamente quién eres y qué ofreces. Esta claridad es crucial porque, en un mundo donde la información fluye rápidamente, las personas no suelen tener tiempo para investigar profundamente. Si tu marca personal está bien definida, las personas pueden captar tu esencia en pocos segundos, lo que te ayuda a atraer a las personas adecuadas de manera más efectiva. Un mensaje claro es como una puerta de entrada hacia mejores oportunidades.

Una marca personal saludable también genera respeto y reconocimiento en tu industria. A medida que te posicionas como una persona confiable y con un mensaje claro, otros en tu campo empezarán a reconocerte como un referente o una voz autorizada en lo que haces. Este respeto es algo que no se gana de la noche a la mañana, pero una vez que lo tienes, se convierte en un activo extremadamente valioso. Ser respetado en tu industria no solo te trae beneficios inmediatos, como más oportunidades de negocio o colaboraciones, sino que también te ayuda a mantenerte relevante a largo plazo.

La consistencia de una marca personal saludable también es un gran aliado en la construcción de relaciones duraderas. Las personas tienden a gravitar hacia aquellos que se muestran de manera coherente y auténtica con el tiempo. Si cambias constantemente de dirección, mensaje o enfoque, es probable que te perciban como alguien inestable o poco confiable. Pero si te mantienes fiel a tu esencia y a tus valores, las relaciones que construyas serán más sólidas y duraderas. Las personas valoran la estabilidad y la coherencia, por lo que estarán más inclinadas a trabajar contigo a largo plazo si ven que eres alguien que se mantiene firme en su marca.

Uno de los aspectos más valiosos de tener una marca personal saludable es la satisfacción personal que conlleva. Saber que estás proyectando una imagen que realmente te representa, y que lo que los demás ven en ti es genuino, te proporciona un alto grado de satisfacción personal. No hay nada peor que sentir que debes aparentar algo que no eres solo para encajar o impresionar. Con una marca personal bien construida, no tienes que ponerte máscaras o fingir ser alguien más. Puedes sentirte orgulloso de mostrar al mundo quién eres realmente, y eso trae consigo un sentido de plenitud que pocos logran alcanzar.

Además, una marca personal saludable te ayuda a construir una comunidad alrededor de ti. A medida que las personas se sienten atraídas por tu mensaje, comienzan a seguirte, apoyarte y compartir tus ideas. Esta comunidad puede estar compuesta por clientes, colegas, mentores o simplemente personas que admiran tu trabajo. Tener una comunidad sólida a tu alrededor te proporciona una red de apoyo, te abre puertas y te ayuda a amplificar tu mensaje aún más. Y lo mejor de todo es que esta comunidad suele estar formada por personas que realmente se alinean con tus valores y objetivos, lo que hace que las relaciones sean mucho más auténticas y significativas.

El equilibrio entre vida personal y profesional es otro de los beneficios de tener una marca personal saludable. Cuando eres auténtico en la forma en que te presentas y mantienes coherencia entre tus valores personales y profesionales, es más fácil encontrar un equilibrio entre ambos aspectos de tu vida. No tienes que gastar energía intentando ser alguien diferente en tu vida laboral y en tu vida personal. En lugar de eso, puedes integrar ambas de manera armoniosa, lo que te permite sentirte más en paz contigo mismo y disfrutar de una vida más equilibrada.

Por último, una marca personal saludable también es una fuente de inspiración. Cuando construyes una marca que es genuina y auténtica, no solo te beneficias tú, sino también quienes te rodean. Las personas pueden ver tu ejemplo y sentirse inspiradas para seguir sus propios caminos, ser fieles a sí mismas y construir algo propio. Ser una fuente de inspiración es un beneficio increíble porque te conecta con los demás de una manera más profunda y te permite impactar positivamente en sus vidas. Además, este impacto tiene un efecto multiplicador, ya que las personas que inspiras también pueden inspirar a otras, creando una red de influencia positiva que se expande más allá de ti.

En resumen, los beneficios de tener una marca personal saludable son inmensos. Desde generar confianza y diferenciarte en un mercado saturado, hasta abrir puertas, construir relaciones duraderas y encontrar un equilibrio entre tu vida personal y profesional, una marca personal sólida te proporciona las herramientas necesarias para alcanzar tus objetivos y mantenerte fiel a ti mismo. No se trata solo de cómo te perciben los demás, sino también de cómo te sientes contigo mismo al saber que estás proyectando una imagen auténtica y coherente con quien realmente eres.

Cuidando tu Marca a Largo Plazo

Cuidar tu marca personal a largo plazo es esencial si quieres mantener una reputación sólida y relevante en el tiempo. Crear una marca personal fuerte es solo el primer paso, pero lo verdaderamente importante es cómo la mantienes y la haces evolucionar con los años. El mundo cambia constantemente, las tendencias, las tecnologías y las expectativas de las personas se transforman, y si tú no te adaptas a esos cambios, tu marca puede quedarse atrás o incluso perder valor. Cuidar tu marca personal significa asegurarte de que sigue siendo coherente, auténtica y alineada con tus objetivos, pero también lo suficientemente flexible para crecer y adaptarse cuando sea necesario.

Uno de los primeros pasos para cuidar tu marca a largo plazo es mantener la coherencia. La coherencia es la clave para que las personas sepan qué esperar de ti, y es lo que les da confianza en lo que representas. Esto no significa que nunca puedas cambiar ni evolucionar, pero la esencia de tu marca debe mantenerse intacta. Si has construido tu reputación basándote en ciertos valores o habilidades, es importante que continúes siendo fiel a esos principios. Por ejemplo, si tu marca se ha centrado en la autenticidad y la transparencia, las personas esperarán que sigas siendo genuino a medida que pase el tiempo. Si de repente cambias de rumbo o te desvías de esos principios, puedes generar confusión y perder la confianza de quienes te siguen.

Sin embargo, aunque la coherencia es importante, también lo es la evolución. Cuidar tu marca a largo plazo no significa quedarte estancado. Las marcas que no evolucionan corren el riesgo de volverse obsoletas o irrelevantes. A medida que el mundo cambia, también debes estar dispuesto a adaptar tu mensaje y tu presencia a las nuevas circunstancias. La clave está en encontrar un equilibrio entre mantener la esencia de tu marca y permitir que crezca y se ajuste a las nuevas realidades. Esto puede significar aprender nuevas habilidades, explorar nuevos formatos de comunicación, o incluso ajustar tu propuesta de valor para que siga siendo relevante para tu audiencia.

Parte de este proceso de evolución implica mantenerse actualizado y conectado con tu industria y con tu audiencia. El mundo digital, en particular, cambia muy rápidamente, por lo que debes estar al tanto de las tendencias, herramientas y tecnologías que pueden impactar la forma en que te comunicas y te presentas al mundo. Esto no significa que debas seguir todas las modas o intentar estar en todas las plataformas, pero sí que debes ser consciente de los cambios que están ocurriendo y considerar cómo podrían afectar tu marca. Mantenerte al día te permitirá hacer ajustes estratégicos cuando sea necesario y asegurarte de que tu marca sigue siendo competitiva.

Otro aspecto fundamental para cuidar tu marca personal a largo plazo es el mantenimiento de tus relaciones. Las personas con las que interactúas, tanto en el ámbito profesional como personal, juegan un papel importante en la percepción de tu marca. Las relaciones estratégicas que construyes a lo largo de tu carrera pueden abrirte puertas, pero también pueden ayudarte a mantenerte relevante. Al cultivar estas relaciones con el tiempo, demuestras que valoras a las personas y que te preocupas por los vínculos que creas. Mantener contacto con tu red, apoyarlos en sus propios proyectos, y estar presente cuando te necesitan son maneras de fortalecer esos lazos y asegurarte de que te mantienes visible en sus mentes.

Cuidar tu marca personal también implica ser consciente de cómo gestionas las críticas y los fracasos. En algún momento, todos enfrentamos situaciones difíciles, errores o críticas, y la manera en que respondes a estas circunstancias es crucial para la percepción de tu marca. En lugar de esconderte o intentar ignorar los problemas, es importante enfrentarlos con transparencia y honestidad. Si cometes un error, admitirlo y aprender de la situación puede fortalecer tu marca en lugar de debilitarla. La forma en que manejas las adversidades muestra tu carácter, y las personas valoran a aquellos que son responsables y capaces de enfrentar los desafíos con integridad.

La autenticidad es otro componente esencial para el cuidado de tu marca personal a largo plazo. En un mundo donde la información se difunde rápidamente y donde las personas buscan conexiones reales, ser auténtico es más importante que nunca. La autenticidad no es algo que puedas fingir o fabricar, debe venir de lo que realmente eres. Esto significa ser honesto acerca de tus fortalezas y debilidades, ser transparente en tus interacciones y ser fiel a tus valores. Las personas son muy perceptivas y pueden darse cuenta si estás tratando de ser algo que no eres, lo que puede dañar gravemente tu marca. Mantener tu autenticidad a lo largo del tiempo ayudará a que tu marca sea vista como genuina y confiable.

Otro aspecto clave para cuidar tu marca personal es tener un enfoque a largo plazo. Muchas personas se centran solo en el éxito inmediato o en obtener resultados rápidos, pero si quieres construir una marca que perdure, necesitas pensar más allá de lo inmediato. Esto significa tomar decisiones que beneficien a tu marca a lo largo del tiempo, aunque puedan no generar resultados instantáneos. Por ejemplo, invertir en relaciones, crear contenido de valor o mejorar constantemente tus habilidades son acciones que pueden no mostrar resultados inmediatos, pero que, con el tiempo, fortalecerán tu marca personal de manera significativa.

Además, la adaptabilidad es un valor esencial. El mundo cambia rápidamente, y la capacidad de adaptarse a nuevos entornos, tecnologías y situaciones es vital para el éxito de tu marca a largo plazo. Esto no significa cambiar quién eres, sino ser flexible en cómo te presentas y cómo aplicas tus habilidades en diferentes contextos. Si eres adaptable, podrás responder mejor a los cambios del mercado, aprovechar nuevas oportunidades y mantenerte relevante en tu campo. La adaptabilidad también te permite innovar y probar cosas nuevas sin perder de vista la esencia de lo que te hace único.

Cuidar tu marca a largo plazo también requiere un enfoque estratégico en tu presencia online. La huella digital que dejas en internet es una parte importante de tu marca, y es algo que permanece incluso después de que las publicaciones o interacciones se hayan olvidado. Por eso, es crucial ser cuidadoso con lo que compartes, asegurarte de que tus perfiles en redes sociales estén actualizados y mantener una presencia profesional en todo momento. Además, el monitoreo constante de tu reputación online te permitirá identificar rápidamente cualquier problema o malentendido y corregirlo antes de que se convierta en un problema mayor.

Por último, es importante que mantengas un enfoque en el crecimiento personal y profesional. Cuidar tu marca personal no es solo sobre mantener la imagen que ya tienes, sino también sobre seguir mejorando, aprendiendo y creciendo. Esto implica estar dispuesto a invertir en tu educación, ya sea a través de cursos, libros o experiencias que te permitan adquirir nuevas habilidades y conocimientos. Cuanto más crezcas como persona y como profesional, más valor podrás aportar a tu marca y a quienes te rodean. El crecimiento continuo te permitirá mantener tu marca fresca y relevante a lo largo del tiempo.

En resumen, cuidar tu marca personal a largo plazo requiere un enfoque cuidadoso y consciente. Mantener la coherencia, pero estar abierto a la evolución, construir y mantener relaciones sólidas, manejar las críticas de manera adecuada, ser auténtico y adaptable, y tener una mentalidad de crecimiento son aspectos clave para asegurarte de que tu marca no solo se mantenga fuerte, sino que continúe creciendo y evolucionando con el tiempo. Es un esfuerzo continuo, pero uno que te recompensará con una reputación sólida, relaciones duraderas y oportunidades que seguirán apareciendo a lo largo de tu carrera.

www.ingramcontent.com/pod-product-compliance
Lightning Source LLC
Chambersburg PA
CBHW031123160726
47989CB00016B/894